J. Oswald Sanders

Machtvoller Glaube

Verlag der
Francke-Buchhandlung GmbH
Marburg an der Lahn

Dieses Buch ist eine Veröffentlichung der TELOS-Verlagsgruppe. TELOS-Taschenbücher und TELOS-Paperback-Ausgaben sind „zielbewußt", wegweisend und biblisch orientiert.
TELOS-Bücher wurden verantwortlich ausgewählt.

ISBN 3 920345 68 1

Übertragung aus dem Amerikanischen von
Klaus-Dieter Homrighausen
Originaltitel: Mighty faith

Umschlagentwurf: Egon Schwartz
Gesamtherstellung: St.-Johannis-Druckerei C. Schweickhardt
7630 Lahr-Dinglingen
Printed in Germany 14521/1976

Inhalt

Was ist das: Glaube?	9
Glaube und Schauen	11
Glaube und Gefühl	13
Glaube und Verheißung	15
Glaube und Werke	17
Glaube und Gehorsam	19
Glaube und Unglaube	21
Glaube und Geduld	23
Glaube und Liebe	25
Glaube und Furcht	27
Glaube und Leid	29
Glaube und tragisches Geschick	31
Das Wagnis des Glaubens	33
Das Wirken des Glaubens	35
Der feste Grund des Glaubens	37
Die Stufen des Glaubens	39
Das Wachsen des Glaubens	41
Das Paradox des Glaubens	43
Glaube als Vertrauen	45
Glaube als angenommenes Geschenk	47
Die Allmacht des Glaubens	49
Die Ruhe des Glaubens	51

Daß es unmöglich ist, Gott ohne Glauben zu gefallen, gibt es für den Christen, der im Lichte seiner Gegenwart zu wandeln wünscht, neben dem Glauben nichts, mit dem es sich mehr zu beschäftigen lohnt.

Was ist das: Glaube?

„Es ist aber der Glaube eine gewisse Zuversicht ... ein Nichtzweifeln ...“ (Hebr. 11, 1).

Glaube schließt zugleich Zutrauen, Treue und Vertrauen in sich ein, ja er ist gleichsam eine Art sechster Sinn. Durch ihn haben wir Zugang zu jenem geistlichen Reich, das zwar unsichtbar, aber darum nicht weniger wirklich ist und innerhalb dessen der Glaube sich unmittelbar mit Gott, dem wir uns völlig anvertrauen können, beschäftigt. „Wer zu Gott kommen will, der muß glauben, daß er sei und denen, die ihn suchen, ein Vergelter sein werde“ (Hebr. 1, 6).

Glaube ist unerläßlich für den Wandel in der Gemeinschaft mit Gott, denn „ohne Glauben ist's unmöglich, Gott zu gefallen“ (Hebr. 11, 6). Der Glaube gleicht dem unbekümmerten Vertrauen eines Kindes, ein Vertrauen, das nie enttäuscht wird. Der mit solchem Vertrauen beseelte Gläubige vermag Zukünftiges als Gegenwärtiges und Unsichtbares als Sichtbares zu erfahren. Der Glaube ist mit dem Bereich des Unmöglichen und dem des Möglichen gleichermaßen vertraut, denn er verläßt sich auf Gott, der keine Grenzen kennt. „Alle Dinge sind möglich bei Gott“ (Mark. 10, 27).

Der Glaube existiert nicht ohne das Ziel, auf das er gerichtet ist, und ähnelt darin unserem Augenlicht, das auch nicht ohne den geschauten Gegenstand besteht. Schauen wir nämlich auf etwas, so sehen wir nicht unser Augenlicht, sondern das, worauf unser Blick gerichtet ist. Ebenso ist der Gegenstand, auf den der

Glaube baut, nicht unser Glaube, sondern das, was unseren Glauben sehend macht. Jesus Christus ist der Erlöser des Sünders, und der Glaube ist das Auge, welches auf ihn blickt und ihn erfaßt. Sich im Glauben üben, bedeutet nicht so sehr, über unseren Glauben, als vielmehr über unseren Heiland, den wir im Glauben schauen, nachzudenken.

Der Glaube ist nicht bloß eine persönliche Überzeugung; es gibt immer eine ihm entsprechende Wirklichkeit, von der wir nur durch ihn wissen. Auch erschöpft sich der Glaube nicht in einem Leben der Beschaulichkeit, vielmehr zieht jeder echte Glaubensakt eine Glaubenstat nach sich. Unser Glaube wächst, solange wir uns beständig darin üben. Er verkümmert, wenn wir ihn vernachlässigen. „Herr, stärke uns den Glauben."

Glaube und Schauen

„Wir wandeln im Glauben, und nicht im Schauen“ (2. Kor. 5,7).

Zwei Prinzipien, die sich gegenseitig ausschließen und zueinander im Widerspruch stehen, bestimmen den Wandel des Christen, entweder der Glaube oder das Schauen. Paulus schildert uns das Ideal, wenn er schreibt: „Wir wandeln im Glauben, und nicht im Schauen.“ Wen es nach äußerlichen Zeichen oder innerlichen Gefühlen verlangt, zeigt seine geistliche Unreife. Wir können von Abraham lernen, der sich von jeglicher irdischen Wohnstätte abwandte und auf die Stadt wartete, „deren Baumeister und Schöpfer Gott ist“ (Hebr. 11, 10). Gleichermaßen kehrte Mose allem irdischen Gepränge den Rücken und „hielt sich an den, den er nicht sah, als sähe er ihn“ (Hebr. 11, 27b). Diese Männer gehörten gewissermaßen zu dem von Gott gestifteten Ehrenplatz in seinem Reich.

Viel Kummer im Leben der Gläubigen hat in einem ungelösten Konflikt zwischen diesen beiden grundlegenden Haltungen seinen Ursprung. Das Schauen hat es mit greifbaren und sichtbaren, der Glaube aber mit unsichtbaren und geistigen Dingen zu tun. Während das Schauen weltlicher Klugheit dient, kennzeichnet den Glauben die Weisheit, die auf das Jenseits gerichtet ist. Für das Schauen ist nur das wirklich vorhanden, was man persönlich gesehen hat; doch der Glaube ist „die Wirklichkeitsgrundlage für das, worauf man hofft, der Nachweis von Dingen, die man nicht sehen kann“ (Hebr. 11, 1; n. Wilckens). Beide Prinzipien wetteifern um die Vorherrschaft im Leben des Christen, der seinerseits darüber entscheidet, welches von beiden sein Dasein bestimmt.

Die mancherlei Prüfungen im Leben geben Gelegenheit, uns eines der Prinzipien als Richtschnur unseres Handelns zu eigen zu machen. Wir sehen beispielsweise bei Jakob, daß während des größten Teils seines Lebens das Schauen für ihn wichtiger war als der Glaube, und erst nach seinem entscheidenden Erlebnis am Jabbok, wo er den Namen Israel bekam, begann er zu bezeugen, daß nun auch bei ihm der Glaube den Vorrang hat. Ähnlich war auch Simon Petrus bis zum Wendepunkt an Pfingsten, als der Glaube für sein Leben grundlegend und bestimmend wurde, weitgehend vom Schauen und den Gefühlen beherrscht.

Nur im Glauben kommen wir weiter. Das Leben des Christen sollte ein ständiges Fortschreiten sein; denn ein Glaube, der sich nicht vorwärts bewegt, steht in der Gefahr, bald zu schwach zu sein, sich aufrechtzuhalten. „Der Gerechte aber wird des Glaubens leben. Wer aber weichen wird, an dem wird meine Seele keinen Gefallen haben“ (Hebr. 10, 38).

Glaube und Gefühl

„Also entspringt der Glaube aus dem Hören der Botschaft, diese aber aus dem Wort Christi" (Röm. 10, 17; n. Wilckens).

Im Glauben vertrauen wir auf Dinge, die wir nicht sehen, ohne daß sie uns schon bewußt sind, und bevor wir sie fühlen können, müssen wir uns ihnen gegenüber bereits als Glaubende erweisen. Der Glaube gibt somit den Anstoß, während das Gefühl sich als nachfolgende Wirkung einstellt. Bevor der Glaube sich in Gefühlen, die auf Fakten beruhen, verwirklicht, muß er diese Fakten anerkennen. Wenn wir Erfreuliches glauben, stellen sich Gefühle der Freude ein. Die Tatsachen bleiben allerdings unverändert bestehen, selbst wenn wir nicht an sie glauben und uns damit der Freude an ihnen berauben. Nun ist es möglich, daß wir unseren Gefühlen mehr glauben und vertrauen als dem, was Gott in der Heiligen Schrift bezeugt. Aber dadurch, daß wir unseren Gefühlen mehr Glauben schenken als dem Worte Gottes, machen wir ihn zum Lügner.

Paulus entfaltet in Römer 6, 6. 11. 14 die göttliche Ordnung der angesprochenen Zusammenhänge. Zuerst wird eine objektive Tatsache geoffenbart, die vollkommen unabhängig von jeglichem subjektiven Gefühl besteht: „Unser alter Mensch ist mit Christus ans Kreuz geschlagen." Den nächsten Schritt tut der Glaube, indem er diese Tatsache anerkennt: „Haltet euch für die Sünde gestorben, aber lebt um so mehr für Gott." Zuletzt folgen die Verwirklichung, die Erfahrung, das Gefühl, welche wir aufgrund der im Glauben angenommenen Tatsache haben: „Die Sünde beherrscht euch nicht mehr“ (n. Bruns).

„Also entspringt der Glaube aus dem Hören der Botschaft, diese aber aus dem Wort Christi“ und nicht aus unserem Inneren, mögen wir auch noch so sehr in uns hineinhorchen. Wer ununterbrochen peinlich auf alles achtet, was in ihm vorgeht, bringt sich nur allzuleicht in Verwirrung. Der Glaube wächst dadurch, daß wir mit dem beschäftigt bleiben, was Gott für uns bedeutet und was er in seinem Wort uns gesagt hat.

Es ist äußerst wichtig, die richtige Reihenfolge zu beachten. Wenn wir ernsthaft um Glauben bemüht sind, müssen wir zuerst eine von Gott bezeugte Tatsache erkennen, auf die der Glaube bauen kann. Wenn wir Gefühle wie Frieden und Freude zu erfahren wünschen, müssen wir solchen Dingen Glauben schenken, auf die sich Frieden und Freude gründen lassen. Dann allein werden wir erfüllt sein „mit aller Freude und Frieden im Glauben“ (Röm. 15, 13).

Glaube und Verheißung

„Er zweifelte nicht an der Verheißung Gottes durch Unglauben" (Röm. 4, 20).

Der Glaube bedarf einer göttlichen Bürgschaft, auf die er sich fest verlassen kann, und diese ist ihm in den Verheißungen Gottes gegeben. Auch unter uns Menschen verspricht einer dem andern oft so mancherlei. Wie verläßlich ein solches Versprechen ist, hängt stets vom Charakter desjenigen ab, der es gibt, und ebenso davon, was er zur Verfügung hat, um das Versprechen auch einzulösen. Es verhält sich dabei wie mit dem Wert einer Banknote, der auch darauf beruht, wie zuverlässig die Bank ist, auf deren Namen die Note ausgestellt ist, und wieviel Geldmittel ihr verfügbar sind.

Verheißt uns Gott indessen etwas in seinem Wort, so legt er uns damit ein Gelöbnis ab, er verbürgt sich mit seinem ganzen Wesen für seine Verheißungen. Eine erfahrene Christin bezeugte jedesmal ihre Heilsgewißheit aufgrund der göttlichen Verheißung: „Wer zu mir kommt, den werde ich nicht hinausstoßen" (Joh. 6, 37). Als ein Atheist sie spöttisch fragte: „Aber wenn Gott nun sein Versprechen nicht hält?", antwortete sie: „Sollte dies der Fall sein, so wird meine Seele verlorengehen, doch Gott wird sich dann selbst preisgeben." Aber das wird nie eintreten, denn nach dem Zeugnis von unzählbaren Gläubigen besteht nach wie vor die Zusage: „Er kann sich selbst nicht verleugnen" (2. Tim. 2, 13).

Bei Gott gilt unmißverständlich, daß Verheißung und Erfüllung untrennbar zusammengehören. „Sollte er etwas sagen und nicht tun? Sollte er etwas reden und nicht halten?“ (4. Mose 23, 19). Der Glaube ist die Kraft, die Verheißungen wahr macht.

Für jede Lebenssituation, für alles, was wir benötigen, gibt es entsprechende Verheißungen, die nur darauf warten, vom glaubenden Herzen in Anspruch genommen zu werden. Leider können wir durch Unglauben an den Verheißungen Gottes zweifeln, weil sie uns entweder zu groß und zu herrlich für uns armselige Menschen erscheinen oder weil wir ihnen nicht genügen (Hebr. 4, 1), da wir sie unterschätzen und ihnen nur zutrauen, was wir aufgrund unserer menschlichen Erfahrungen für möglich halten. Echter Glaube dagegen ist zutiefst überzeugt, „daß, was Gott verheißt, das kann er auch tun“ (Röm. 4, 21).

Glaube und Werke

„Aufgrund von Werken erlangt ein Mensch die Gerechtigkeit“ (Jak. 2, 24). „Aufgrund von Gesetzeswerken wird niemand vor Gott als gerecht erkannt werden“ (Röm. 3, 20; beide n. Wilckens).

Jakobus und Paulus scheinen sich zu widersprechen, wenn der eine sagt: „Aufgrund von Werken erlangt ein Mensch die Gerechtigkeit“, der andere aber versichert: „Aufgrund von Gesetzeswerken wird niemand vor Gott als gerecht erkannt werden.“ Doch beide Standpunkte fügen sich harmonisch zu einem Ganzen, wenn man berücksichtigt, daß Jakobus von Rechtfertigung vor den Menschen spricht, Paulus dagegen die Rechtfertigung vor Gott meint. Paulus redet von der Tatsache der Rechtfertigung, Jakobus von der Notwendigkeit, sie zu beweisen. Somit hat Jakobus mehr die Rechtfertigung des geheiligten Menschen, Paulus eher die des Sünders vor Augen.

Beide schrieben mit unterschiedlichen Absichten. Jakobus wollte das Problem aus der Sicht unserer täglichen Erfahrungen beleuchten, Paulus wollte es theologisch untersuchen. Nach Jakobus kann niemandem Glauben zugesprochen werden, bei dem keine sichtbaren Auswirkungen im Alltag zu erkennen sind. „Was hilft's, liebe Brüder, so jemand sagt, er habe den Glauben, und hat doch die Werke nicht? Kann auch der Glaube (d. h. ein Glaube, der sich nicht im Alltag beweist) ihn selig machen?“ (Jak. 2, 14). Ob wir Herzensglauben haben, muß sich in unserem Leben in Werken zeigen. „Ich will dir meinen Glauben zeigen aus meinen Werken“ (Jak. 2,

18). „Der Glaube ohne Werke ist tot“ (Jak. 2, 20). Hier werden nicht Glaube und Werke gegenübergestellt, sondern lebendiger und toter Glaube, und es kommt auf die tätige Liebe an und nicht auf ein bloßes Lippenbekenntnis.

Paulus ist sich völlig einig mit Jakobus. „Denn in Christo Jesu gilt weder Beschneidung noch unbeschnitten sein etwas, sondern der Glaube, der durch die Liebe tätig ist“ (Gal. 5, 6). Er besteht zwar darauf, daß der Glaube allein selig macht, doch beeilt er sich hinzuzufügen, daß ein von Rettersinn erfüllter Glaube im liebenden und aufopfernden Dienst an anderen Menschen sichtbar wird.

Der Glaube, der keine Werke hervorbringt, gleicht einem abgestorbenen Baum.

Der Glaube und die Werke müssen gemeinsam wachsen, keines von beiden kann ein Eigenleben führen. Sie sind wie Seele und Leib, Hand und Herz, die Gott vereint hat und darum keiner trennen soll.

Glaube und Gehorsam

„Gehorsam des Glaubens" (Röm. 16, 26).

In vielen Liedern werden die Gläubigen angehalten, ein Leben des Vertrauens und des Gehorsams zu führen. Auch die Heilige Schrift sagt uns nachdrücklich, daß, wer auf Gott sein ganzes Vertrauen setzt, diesem seinem Herrn auch sicherlich gehorsam sein wird, denn echter Glaube findet im Gehorsam seinen Ausdruck. „Durch den Glauben ward gehorsam Abraham", als Gott ihn rief, sich aufzumachen in das Land, das er ererben sollte (Hebr. 11, 8). Nur im Glauben konnte er dem Ruf Gottes Gehorsam leisten. Abraham war so sehr von Gottes Größe überzeugt, daß er dem Ruf ohne zu zögern und zu rechten folgte und sich auf seinen langen Glaubensweg begab.

Dann endlich — sein Glaube war in vielen Jahrzehnten der Prüfungen gereift — wurde Abraham von Gott auf die schwerste Probe seines Lebens gestellt. Würde sein Glaube diese Zerreißprobe bestehen? Und wirklich, Abraham hat seinen Herrn nicht enttäuscht. „Durch den Glauben opferte Abraham den Isaak, da er versucht ward, und gab dahin den Eingebornen" (Hebr. 11, 17). „Und der Engel des Herrn ... sprach: Ich habe bei mir selbst geschworen, ... daß ich deinen Samen segnen und mehren will ..., darum daß du meiner Stimme gehorcht hast" (1. Mose 22, 15—18). Der Glaube war die Quelle seines Gehorsams, der Gehorsam die Frucht seines Glaubens. Abraham durfte erfahren, daß Gott den Gehorsam des Glaubens nie unbelohnt sein läßt.

Auch bei Noah war es der Glaube an das Wort des

Herrn, der ihn gehorchen ließ und damit sein ganzes Haus rettete. „Aus Glauben erbaute Noah, als er eine göttliche Weisung über das, was man noch nicht sah, empfangen hatte, in Gottesfurcht eine Arche zur Rettung seines Hauses“ (Hebr. 11, 7; n. Zürcher). So war es wiederum der Glaube, welcher Noah die Augen für die drohende Katastrophe öffnete, obwohl äußerlich kein Anzeichen für sie zu erkennen war. Die Menschen aßen und tranken, freiten und ließen sich freien und gingen ihren Geschäften wie immer nach. Noah dagegen, der nicht nur Hörer, sondern auch Täter des Wortes war, ließ den Gehorsam des Glaubens in sich wirksam sein.

Es ist wohl nicht ohne Bedeutung, daß im Neuen Testament die Worte ‚glauben‘ und ‚gehorchen‘ oft austauschbar sind. Darum laßt uns treu glauben und gehorchen, denn mit einem gehorsamen Glauben werden wir Gott gefallen.

Glaube und Unglaube

„Sehet zu, ihr Brüder, ob etwa jemand von euch ein böses Herz des Unglaubens habe" (Hebr. 3, 12; n. Zürcher).

Was Glaube eigentlich ist, kann uns sein Gegenteil lehren. Beim Unglauben fehlt ganz einfach der Glaube, während unverhüllte Ablehnung die Wahrheit leugnet. Unglaube äußert sich nicht unbedingt in solcher krassen Ablehnung, hingegen eher darin, daß er ständig bei dem Versuch, etwas für wahr zu halten, scheitert. Doch die Folgen sind immer dieselben: Gott wird geschmäht, und das verheißene Gut bleibt uns versagt.

Wo Unglaube herrscht, sind der Allmacht Grenzen gesetzt. „Und er konnte allda nicht eine einzige Tat tun ... Und er verwunderte sich ihres Unglaubens" (Mark. 6, 5—6). Wir sollten auf dieses ‚konnte nicht' achten und bedenken, daß hier von Gott in seiner Menschengestalt die Rede ist. Dann können wir John Wesley eher zustimmen, wenn er behauptet: „Gott handelt nur, wenn wir ihn gläubig darum bitten." Wie gerne hätte Jesus diesen Menschen Liebesdienste erwiesen, jedoch war die Quelle, aus der seine Kraft zu heilen kam, verschlossen. Wenn Gott untätig zu sein scheint, ist häufig unser Unglaube daran schuld.

Wo Unglaube herrscht, greift Angst um sich. „Warum seid ihr so furchtsam? Habt ihr noch keinen Glauben?" fragte der Herr (Mark. 4, 40; n. Zürcher). Vollkommene Liebe vertreibt die Furcht, doch kann es vollkommene Liebe nicht ohne grenzenloses Vertrauen geben. Nicht aus eigener Kraft, allein wenn wir Gottes Allmacht und

Liebe bedingungslos vertrauen, können wir von der Furcht befreit werden.

Wo Unglaube herrscht, vermag alle Geisteskraft nichts auszurichten. „Warum konnten wir ihn nicht austreiben? . . . Um eures Unglaubens willen“ (Matth. 17, 19. 20). Den Jüngern war Gewalt über den Feind gegeben, aber in Gegenwart der satanischen Macht erwiesen sie sich als hilflos. Sie vernachlässigten das Gebet und bauten auf die eigene Kraft und nicht auf den Herrn, der allein Wunder vollbringt. Kraft aus der Höhe wird nur dort wirksam sein, wo lebendiger Glaube den Weg bereitet.

„Sehet zu, ihr Brüder, ob etwa jemand von euch ein böses Herz des Unglaubens habe.“

Glaube und Geduld

„Nachfolger derer, die durch Glauben und Geduld ererben die Verheißungen" (Hebr. 6, 12).

Der Glaube wird des öfteren in enger Beziehung mit der Geduld gesehen. Gott verspricht uns an keiner Stelle der Bibel, daß wir, selbst erfüllt mit echtem Glauben, all unsere Wünsche, wenn wir es für richtig halten, erfüllt bekommen; indessen mahnt er uns, „Nachfolger derer" zu werden, „die durch Glauben und Geduld ererben die Verheißungen". Der Verfasser des Hebräerbriefes bekräftigt das mit dem Beispiel, das Abraham gibt: „Und so erlangte er, nachdem er geduldig ausgeharrt hatte, die Verheißung" (Hebr. 6, 15; n. Zürcher). Könnte nicht der verheißene Segen, nach dem uns so sehnlichst verlangt, deshalb ausbleiben, weil uns Geduld und Glaube fehlen?

Erst nach mehr als zwanzig Jahren des scheinbaren Schweigens erfüllte Gott seine Verheißung, Abraham einen Sohn zu schenken. Der Glaube wächst nur unter ständigen Prüfungen, und es war die Aufgabe des Vaters der Gläubigen, Glauben zu bewahren auch unter noch so entmutigenden Umständen. Doch Abraham warf sein Vertrauen nicht weg, und als Gott die Zeit für gekommen hielt, brachten Glaube und Geduld ihren verheißenen Lohn.

Auch David mußte mehr als zwanzig Jahre warten, bis Gott ihn nach der Verheißung den Thron besteigen ließ, und während dieser langen Zeit des Wartens wurde sein Glaube hart geprüft. War es für David auch schwerer, auf Gott zu warten als ihm zu dienen, gelangte er dennoch endlich durch Glauben und Geduld zur Königswürde.

Letztlich sei noch auf das Volk Israel hingewiesen, das nur in Glauben und Geduld Jericho einzunehmen vermochte, wobei sich sein Glaube allein auf die göttliche Verheißung stützte (Jos. 6, 2). Dreizehnmal mußte das Volk in gläubiger Geduld um die Stadt ziehen, bis die Verheißung Wirklichkeit wurde. Zwölfmal hatte es bereits die Stadt umgangen, und noch immer zeigte sich nicht das geringste Zeichen dafür, daß etwas geschehen würde. Dann aber, im Glauben auf Gottes Verheißung und in geduldigem Warten auf deren Erfüllung, beendete es die letzte Runde — und die Mauern fielen.

Das Warten scheint uns manchmal schwerer zu fallen als das Glauben; doch wenn wir voll unerschütterlichem Glauben warten, werden wir ganz sicher die Erfahrung machen, daß der Herr denjenigen wohltut, die auf ihn harren (Jes. 64, 4).

Glaube und Liebe

„Der Glaube, der durch die Liebe tätig ist“ (Gal. 5, 6).

Glaube und Liebe arbeiten am fruchtbarsten, wenn sie gemeinsam wirken können. Der Glaube ist durch die Liebe tätig, und die Liebe glaubet alles (1. Kor. 13, 7). Paulus behauptet erstaunlicherweise ernstlich, daß jemand, dessen Glaube so stark ist, daß er Berge versetzt, vor Gott nichts gilt, wenn er ohne Liebe ist. „Wenn ich ... hätte allen Glauben, also daß ich Berge versetzte, und hätte der Liebe nicht, so wäre ich nichts“, heißt es in 1. Korinther 13, 2. Paulus weist auf den Erfolg hin, den der Glaube hat, zeigt dann aber, daß solch ein Erfolg, der ohne Liebe erzielt wird, vor Gott als Versagen gewertet wird. Glaube, dem die Liebe fehlt, ist null und nichtig. Ein Glaube, welcher Wunder vollbringt, kann kalt und lieblos sein, gelangt dagegen zu höchster Kraft, ist er getragen von glühender Liebe, denn die Liebe schenkt dem Glaubenden tiefstes Vertrauen.

Die Liebe zu Gott ist es, die in uns den Glauben an ihn weckt. Wir vertrauen nur denen, die wir kennen und lieben. Genauso gilt, je größer unsere Gotteserkenntnis, so wie er sich in Jesus Christus geoffenbart hat, um so tiefer wird unsere Liebe zum Herrn, um so stärker unser Glaube an ihn. Liebe zu Gott schafft grenzenloses Vertrauen in sein Wort, da sie ihn in seinen Verheißungen beim Wort nimmt, sich fröhlichen Herzens und unbeschwert auf sie verläßt.

Liebe, die ja „alles glaubet“, schenkt uns auch Vertrauen in gescheiterte und gefallene Mitmenschen. Damit ist nicht einer falsch verstandenen Leichtgläubigkeit das

Wort geredet, vielmehr die Tatsache gemeint, daß echte Liebe nicht aufhört, das Beste von anderen zu glauben. Ist die Liebe auch nicht argwöhnisch, so ist sie doch klug in ihrem Urteil, schaut aber nicht fortwährend bei anderen nach unredlichen Absichten, sondern verläßt sich augenscheinlich auf andere Menschen. Solch ein vertrauendes Entgegenkommen bringt andere häufig erst wieder dazu, das in sie gesetzte Vertrauen nun auch nicht zu enttäuschen.

Jemand sagte es einmal treffend so: „Alle Dinge sind möglich dem, der da glaubt; sie sind weniger schwierig dem, der da hofft; sie sind leichter dem, der da liebt und noch leichter dem, der sich beständig in allen dreien übt."

Glaube und Furcht

„Sie fürchteten sich nicht vor des Königs Gebot" (Hebr. 11, 23).

Glaube und Furcht sind im Leben eines gläubigen Menschen so unvereinbar, daß das eine nur auf Kosten des anderen in ihm weiter bestehen kann. Wenn Gott in die Schranken tritt, muß die Furcht weichen, und wo Furcht sich zeigt, fehlt ohne Zweifel echter Glaube. Beide können nun einmal nicht einträchtig beieinander leben.

Furcht ist äußerst ansteckend. Weil sie feige und furchtsam waren, berichteten die zehn Kundschafter lauter widerwärtige Dinge vom Gelobten Land. „Wir sahen auch Riesen daselbst, . . . und wir waren vor unseren Augen wie Heuschrecken, . . . und das Volk weinte die Nacht" (4. Mose 13, 33 — 14, 1). Weil sie fest glaubten, konnten Kaleb und Josua dagegen zur Einnahme des Landes aufrufen. „Laßt uns hinaufziehen, und das Land einnehmen; denn wir können es überwältigen" (4. Mose 13, 30). „Der Herr . . . wird . . . uns in das Land bringen, . . . fürchtet euch vor dem Volk dieses Landes nicht; denn wir wollen sie wie Brot fressen; . . . der Herr aber ist mit uns, fürchtet euch nicht vor ihnen"(4. Mose 14, 8. 9). Kamen sich die zehn Kundschafter auch wie Heuschrecken vor, Kaleb und Josua maßen die widerstreitenden Heere nicht aufgrund der eigenen Schwachheit, sondern aufgrund der Allmacht Gottes.

Glaube ist ebenfalls ansteckend. Weil sie glaubten, verbargen Amram und Jochebed ihren Sohn Mose drei Monate lang „und fürchteten sich nicht vor des Königs Gebot". Ihr übernatürlicher Glaube überwand ihre natürliche Furcht. Sie lehrten Mose durch Unterweisung und tätiges Beispiel den rechten Glauben, so daß auch er seine Furcht für immer verlor. „Durch den Glauben verließ er Ägypten und fürchtete nicht des Königs Grimm“ (Hebr. 11, 27). Mose nun unterwies seinerseits das Volk Israel in dem Glauben, der die Furcht überwindet; doch leider erfahren wir: „Das Wort der Predigt half jenen nicht, weil es bei den Hörern nicht mit dem Glauben vereinigt war“ (Hebr. 4, 2; n. Zürcher). „So lasset uns nun fürchten, daß wir die Verheißung . . . nicht versäumen und unser keiner dahintenbleibe“ (Hebr. 4, 1). Nur diese Art von Furcht ist uns gestattet.

Glaube und Leid

„... damit die Bewährung eures Glaubens köstlicher erfunden werde als Gold" (1. Petr. 1. 7; n. Zürcher).

Der Glaube zweifelt nicht, wenn Kummer und Leid uns treffen, noch begegnet er schweren Prüfungen als etwas Unerwartetem oder Ungewöhnlichem, er nimmt sie als von Gott gesandt an, der prüfen will, ob unser Glaube lauter und seiner würdig ist. „... die ihr ... traurig seid in mancherlei Anfechtungen, auf daß euer Glaube rechtschaffen ... erfunden werde ... zu Lob, Preis und Ehre, wenn nun offenbart wird Jesus Christus" (1. Petr. 1, 6. 7). Ja, Prüfungen sind dem Glauben nicht etwas Fremdes, sondern werden in Freuden angenommen, können wir doch durch sie am Leiden Christi teilhaben (1. Petr. 4, 12. 13).

Der Glaube erkennt, daß den „mancherlei Anfechtungen" (1. Petr. 1, 6) immer die „mancherlei Gnade Gottes" (1. Petr. 4, 10) entgegensteht. Gemeinsam lehren die beiden Stellen uns, daß es keine menschliche Situation gibt, die Gottes überschwengliche Gnade, welche immer einen Weg weiß, nicht meistern kann. „Meinst du nicht auch, daß Kummer und Leid unser Leben bereichern?" fragte ein Freund einen hart geprüften Diener des Herrn. „Da hast du recht, und ich will mein Leben gerne dadurch bereichern lassen", war die triumphierende Antwort des tiefgläubigen Mannes.

Ein Glaube, der in Trübsal siegreich bleibt, wird von Gott „viel köstlicher erfunden ... denn das vergängliche Gold" (1. Petr. 1, 7). Ist der Glaube hart bedrängt, erlebt er seine schönste Stunde, denn nun kann sich an ihm

Gottes unerschöpfliche Fülle erweisen. Der Glaube weiß, daß er nicht alleine ist in einem noch so heftig wütenden Feuer, daß er unerschrocken bleiben kann, da Gott mit in die lodernden Flammen steigt. Mit beiden Händen ergreift der Glaube die göttliche Zusage: „Denn so du durch Wasser gehst, will ich bei dir sein, . . . so du ins Feuer gehst, sollst du nicht brennen" (Jes. 43, 2). Mit Samuel Rutherford kann er ausrufen: „Deine Seele mag sich glücklich schätzen, Hand in Hand mit dem Sohn des Menschen im Feuerofen wandeln zu dürfen."

Glaube und tragisches Geschick

„Der Feigenbaum wird nicht grünen, ... Schafe werden aus den Hürden gerissen ... Aber ich will mich freuen" (Hab. 3, 17. 18).

Wenn der Glaube auch den Gläubigen keineswegs Leid und tragische Geschicke im Leben erspart, gibt er ihnen doch die Kraft, sie siegreich durchzustehen. Die Heilige Schrift und auch unsere Erfahrung lehren, daß Gerechte und Ungerechte gleichermaßen vom Schicksal heimgesucht werden, denn bei Gott gibt es kein Ansehen der Person. Wie können wir anders das tragische Geschehen am Kreuz verstehen? Dort spielte sich wahrhaft eine Tragödie ab, die aber nicht im geringsten das Vertrauen des Sohnes Gottes in seines Vaters Liebe erschüttern konnte. Inmitten jener Finsternis, die Golgatha umgab, legte Christus in zwei bedeutungsschweren Ausrufen Zeugnis von seinem unerschütterlichen Glauben ab: „Mein Gott, mein Gott, warum hast du mich verlassen?" (Matth. 27, 46); „Vater, ich befehle meinen Geist in deine Hände" (Luk. 23, 46). Selbst in der Stunde der Verlassenheit rief er Gott als seinen Vater an, seine Erkenntnis Gottes erzeugte in ihm das Vertrauen zu Gott.

Am Beginn der Menschheitsgeschichte wurde Hiob, der wohl gottesfürchtigste Mann seiner Zeit, von einem Schicksalsschlag nach dem andern heimgesucht. So verlor er all seine Herden, seine Söhne und Töchter, seine Diener und seinen Reichtum, seine Gesundheit und selbst das sonst so tröstliche Vertrauen seiner Frau. Und wie nahm er das alles auf? „Siehe, er wird mich doch erwürgen; ... doch will ich meine Wege vor ihm verantworten" (Hiob 13, 15).

Hoch über das Weltgeschehen als erhabener Wächter bestellt, mußte der Prophet Habakuk die bestürzende Erfahrung machen, daß sein Gebet unbeantwortet blieb und der Himmel offensichtlich schwieg, daß die Gerechten Not litten, während es den Gottlosen wohl erging. Dann endlich durfte er eine Botschaft des Herrn entgegennehmen: „Der Gerechte aber wird seines Glaubens leben" (Hab. 2, 4). Mit dieser Gewißheit mußte er sich in einer Zeit wahren Entsetzens bewähren: der Feigenbaum grünte nicht, die Weinstöcke trugen kein Gewächs, die Olivenbäume blieben kahl, die Felder verdorrten, die Hürden waren ohne Schafe und die Ställe ohne Rinder. Und was sagte sein Glaube dazu? „Aber ich will mich freuen des Herrn und fröhlich sein in Gott, meinem Heil" (Hab. 3, 17. 18). Da er Gott hatte, hatte er alles und vermochte trotz alles Grauens und aller Trübsal zu überleben.

Ich will nicht zweifeln, wenn auch alle meine Schiffe, die zur See gefahren sind, nach Hause treiben mit gebrochenen Masten und zerstörten Segeln; ich will vertrauen der Hand, die nicht läßt.

Das Wagnis des Glaubens

„Durch den Glauben ward gehorsam Abraham . . . und ging aus und wußte nicht, wo er hinkäme“ (Hebr. 11, 8).

Mit jedem Glaubensschritt nehmen wir, geleitet von getrostem Vertrauen und nicht blinder Leichtgläubigkeit, ein gewisses Wagnis auf uns. Weil die Großen des Glaubens gehorsam nur auf Gottes Treue setzten, fanden sie einen Ehrenplatz an seiner Seite. Wären ihre großen Taten nicht auch immer mit Risiken verbunden gewesen, hätten sie des Glaubens nicht bedurft.

Eine Reisegesellschaft besuchte einst die Münzstätte in Philadelphia und sah, wie das flüssige Metall in die Münzformen gegossen wurde. Der Gießer sprach einen der Besucher an: „Mein Herr, Sie wissen doch sicher auch, daß ich Ihnen das flüssige Metall in die Hand gießen kann, ohne diese dabei zu verbrennen, wenn Sie sie nur vorher ins Wasser getaucht haben? Würden Sie das vielleicht mal versuchen?“ — „Nein, danke“, gab der Angesprochene zur Antwort, „wenn Sie das sagen, wird es wohl stimmen.“ Der Gießer bot das gleiche der Frau des Mannes an, die gerade hinzugetreten war. „Aber sicher“, meinte sie. Als man das Experiment ohne Schaden beendet hatte, wandte sich der Arbeiter noch einmal an ihren Mann: „Nun, mein Herr? Sie haben mir zwar geglaubt, doch Ihre Frau hat vertraut.“ Der Glaube dieser Dame hat auf die Glaubwürdigkeit jenes Arbeiters gesetzt.

Abraham wagte alles um der Treue Gottes willen „und ging aus und wußte nicht, wo er hinkäme“. Der Glaube will gar nicht wissen, wohin er geführt wird. So war

Abraham auch bereit, Isaak zu opfern, obgleich er nicht wußte, warum Gott dies von ihm verlangte und wie Gott dann noch seine Verheißung zu erfüllen gedachte. Er wurde dank seines unerschrockenen Glaubens zum Vater aller Gläubigen.

Aus Treue zu Gott waren drei junge Männer bereit, im Feuerofen zu sterben, und verließen sich ganz auf Gott, der die Seinen nie im Stich läßt. „Siehe, unser Gott . . . kann uns wohl erretten . . . Und wo er's nicht tun will, so sollst du dennoch wissen, daß wir . . . nicht . . . das goldene Bild . . . anbeten wollen" (Dan. 3, 17. 18). Der Sohn Gottes belohnte ihren Glauben, indem er sie im Feuerofen begleitete und beschützte.

Das Wirken des Glaubens

„... welche haben durch den Glauben Königreiche bezwungen, ... sind stark geworden im Streit" (Hebr. 11, 33. 34).

Der Glaube ist für die Seele das, was die Augen für den Leib sind, ja mehr noch, — alles, was unsere fünf Sinne für Leib und Leben bedeuten, stellt der Glaube für unser geistliches Wesen dar. Er hat es mit dem zu tun, das man nicht sieht (Hebr. 11, 1). Nur aufgrund des Glaubens wissen wir von solcher jenseitigen Wirklichkeit. Der Glaube allein bezeugt uns, daß es geistliche Dinge wirklich gibt, und er erfüllt uns mit der gewissen Zuversicht auf Zukünftiges.

Ganz davon entfernt, ein zwar rechtschaffenes, so doch bequemes Leben zu unterstützen, regt der Glaube vielmehr insgeheim dazu an, fleißig im Reich Gottes tätig zu sein. Der Verfasser des Hebräerbriefes versichert uns nachdrücklich, daß die Erzväter durch Glauben haben „Königreiche bezwungen, Gerechtigkeit gewirkt, Verheißungen erlangt, der Löwen Rachen verstopft, des Feuers Kraft ausgelöscht, sind des Schwertes Schärfe entronnen, sind kräftig geworden aus der Schwachheit, sind stark geworden im Streit, haben der Fremden Heere darniedergelegt" (Hebr. 11, 33. 34). Wir hören nichts von Untätigkeit! Der Glaube trieb sie zu all den großartigen Leistungen an. Auch wir werden Großes für Gott vollbringen, wenn ein derart tatkräftiger Glaube uns beseelt.

Durch Glauben können wir den unsichtbaren Gott schauen, gleichwie Mose durch Glauben sich an den hielt,

„den er nicht sah, als sähe er ihn“ (Hebr. 11, 27). Darüber hinaus öffnete ihm der Glaube, durch welchen jene Begegnung mit Gott möglich geworden war, die Augen für das, was wirklich im Leben Bestand hat. Nun fiel es ihm leichter, auf die ihm so wichtigen weltlichen Vorrechte zugunsten des geistlichen Amtes zu verzichten.

Der Glaube lebt von den Zusagen Gottes, und im Lichte seiner Gegenwart trägt er Frucht. Der Glaube kennt keinen Stillstand. Der ursprüngliche Glaubensakt reift, wenn er fortwährend neu vollzogen wird, zu einer Glaubenshaltung heran. Er wird zu einer das Leben bestimmenden Gewohnheit. War es anfangs nur ein Glaubensschritt, so wird dieser, ständig aufs neue getan, zum Wandel mit Gott.

Der feste Grund des Glaubens

„Glaube aber, das ist ... der Nachweis von Dingen, die man nicht sehen kann" (Hebr. 11, 1; n. Wilckens).

Wir glauben keineswegs vergeblich und werfen auch unser Vertrauen nicht umsonst auf den ewigen Gott. Drei Dinge bilden den festen Grund des Glaubens: Zum ersten ist es die Wahrhaftigkeit dessen, auf den der Glaube im letzten baut, der „lebendige und wahre Gott" (1. Thess. 1, 9), denn „es ist unmöglich, daß Gott lüge" (Hebr. 6, 18). Seine Wahrhaftigkeit besteht in der Einheit seines Redens und Handelns mit seinem Denken und ist die Wahrheit, die sich in der Natur und in seinem geoffenbarten Wort äußert. Sofern die Entdeckungen der Naturwissenschaft richtig sind, enthüllen auch sie nur die Wahrhaftigkeit des Schöpfers, der Widersacher des Satans ist, dem Versucher von Anfang und Vater der Lüge.

Daß unser Glaube fest gegründet ist, wird zum andern von der Wahrhaftigkeit des Wortes, dem wir vertrauen, bezeugt, dem Worte Gottes, welches nie das darin gesetzte Vertrauen enttäuscht. „Meine Worte werden nicht vergehen" (Matth. 24, 35). Sein Wort steht vollkommen im Widerspruch zu dem des falschen Propheten, der das Volk anhielt, sich auf Lügen zu verlassen (Jer. 28, 15). „Des Herrn Wort bleibt in Ewigkeit. Das ist aber das Wort, welches unter euch verkündigt ist" (1. Petr. 1, 25). Es ist kein aus Fabeln geschickt zusammengesponnenes Gewebe, sondern eine von Gott eingegebene Botschaft, die sich in vielen Jahrhunderten gründlichen Forschens bewährt hat. Die Einsichten der Menschen, die sich mit der Heiligen Schrift beschäftigt haben, enthüllten wiederum nur ihre Zuverlässigkeit und die Zuverlässigkeit dessen, der sie schuf.

Abschließend bleibt noch die Wahrhaftigkeit der Tatsachen zu erwähnen, die für uns Gläubige als unverzichtbar gelten müssen. Der Glaube hält sich an drei große historische Tatbestände, nämlich: daß der Sohn Gottes in die Welt kam, daß er für unsere Sünden gestorben ist und daß er auferstanden ist von den Toten (1. Kor. 15, 3. 4). Dies alles gehört zu dem, „was nicht zu erschüttern ist“ (Hebr. 12, 27; n. Wilckens). „Nun aber ist Christus auferstanden“ (1. Kor. 15, 20). Zwei Jahrtausende schon hat diese Tatsache aller Kritik standgehalten. Unser Glaube ist nicht vergeblich, sondern fest gegründet im Herrn, seinem Wort und seinen Taten.

Die Stufen des Glaubens

„O Weib, dein Glaube ist groß" (Matth. 15, 28).

Wir Gläubige lassen in den Prüfungen des Lebens nicht alle den gleichen Glauben erkennen, da es unterschiedliche Stufen des Glaubens gibt. „Warum seid ihr so furchtsam? Habt ihr noch keinen Glauben?" fragte der Herr seine erschrockenen Jünger (Mark. 4, 40; n. Zürcher). Weil sie keinen Glauben hatten, vergaßen sie seine früheren Wundertaten und zweifelten an seiner hingebenden Liebe. Der Unglaube verzweifelt angesichts übermenschlicher Schwierigkeiten.

„O du Kleingläubiger, warum zweifeltest du?" stellte unser Herr den Jünger Petrus zur Rede, als dieser in den Wellen zu versinken drohte (Matth. 14, 31). Er tadelte die Zwölf auch wegen ihres ängstlichen Sorgens: „O ihr Kleingläubigen" (Matth. 6, 30), und er lehrte sie, daß Sorgen aus einem schwachen Glauben kommen. Petrus begann aus echtem Vertrauen zum Herrn auf dem Wasser zu wandeln, aber als er die Wellen sah, verließ er sich wieder auf das, was er vor Augen hatte und sank. Wir werden immer sinken, stellen wir das Schauen über das Glauben. Christus liebt den Glauben, der das Schauen nicht achtet und sich aufmacht im Vertrauen auf das Wort seiner Verheißung.

Großer Glaube wird von Christus erlangen, was er will. „O Weib, dein Glaube ist groß! Dir geschehe, wie du willst" (Matth. 15, 28). Weil sie großen Glauben hatte, wurde das kanaanäische Weib ermutigt, gegen das Schweigen des Herrn anzukämpfen (Matth. 15, 23). Ihr Glaube überwand die Erhabenheit des Sohnes Gottes

(Matth. 15, 24) und ließ sich von seiner Unerbittlichkeit nicht beirren (Matth. 15, 26). Der Meister war derart beeindruckt über den Sieg ihres großen Glaubens, daß er ihr alles gab, worum sie gebeten hatte.

Auch der Glaube des Hauptmanns erfüllte Jesus mit frohem Erstaunen, war er doch für ihn inmitten vorherrschenden Unglaubens wie ein Schluck kühlen, kristallklaren Wassers. „Da das Jesus hörte, verwunderte er sich und sprach zu denen, die ihm nachfolgten: . . . solchen Glauben habe ich in Israel nicht gefunden“ (Matth. 8, 10). Diesem Soldaten war Jesu bloße Zusage, für die es keine greifbaren Sicherheiten gab, Garantie genug, unerschütterlich zu vertrauen. Auch unser Glaube muß beständig wachsen.

Das Wachsen des Glaubens

„Euer Glaube wächst sehr“ (2. Thess. 1, 3).

Als Jesus seinen Jüngern gebot, einem bußfertigen Bruder zu vergeben, selbst wenn dieser siebenmal des Tages gegen sie sündigen würde, gaben sie ein wenig verwirrt zur Antwort: „Herr, gib uns mehr Glauben“ (Luk. 17, 5; n. Bruns). Hätten sie nicht eher um mehr Liebe als um mehr Glauben bitten sollen? Sicher nicht, sie hatten im wesentlichen recht mit dem, was sie nach ihrer Meinung bedurften. Wußten sie doch nur zu genau, daß sie einfach nicht in der Lage waren, das, was Jesus in den Versen zuvor von ihnen gefordert hatte, zu vollbringen, und daß nur der Glaube sie dazu befähigen würde.

Aber sie hatten nicht völlig recht, denn Jesus belehrte sie anschließend darüber, daß sie nicht so sehr noch *mehr* Glauben als vielmehr *lebendigeren* Glauben brauchten. Das kleinste Senfkorn nämlich trägt schon den Keim des Lebens in sich. So war der Jünger Problem nicht, *wieviel* Glauben sie haben müßten, sondern *wie* ihr Glaube beschaffen sein sollte. Sie brauchten einen wachsenden Glauben, denn das Leben ergibt sich unmittelbar aus dem Wachstum. Paulus schreibt darum an die Gläubigen in Thessalonich: „Wir sollen Gott danken allezeit um euch, . . . denn euer Glaube wächst sehr“ (2. Thess. 1, 3). Ob wir in unserer geistlichen Entwicklung wirklich an Tiefe gewinnen und Fortschritte machen, hängt unmittelbar vom Wachstum unseres Glaubens ab.

Erfüllen wir die entsprechenden Bedingungen, so vollzieht sich unser Wachstum im Glauben von selbst. Der Glaube lebt von den Verheißungen Gottes. Seine Gegenwart ist gleichsam der Lebensraum des Glaubens, welcher dagegen nicht weiter wächst, hält er sich in den verseuchten Sümpfen menschlichen Zweifelns auf. Unser Glaube gedeiht, wenn wir uns nicht länger auf menschliches Vermögen stützen, indes das tun, was der Herr in seinem Wort von uns verlangt. Der Glaube wird, anders als wir allgemein annehmen, dadurch wenig gefördert, daß unsere Gebete immer schnell erhört werden. Er reift viel besser in Schwierigkeiten und Konflikten, in denen wir ganz ohne menschliche Hilfe auskommen müssen.

Der Glaube wächst dann am besten, wenn wir das glauben, was uns zu glauben aufgetragen ist, und wenn wir an unserem Zweifel zweifeln. Am ehesten hindern wir unseren Glauben am Wachstum, wenn wir an unserem Zweifel hängen und an dem, was uns zu glauben befohlen ist, zweifeln. Der Glaube hat es immer auch mit einem Willensakt zu tun.

Das Paradox des Glaubens

Selig sind, die nicht sehen und doch glauben" (Joh. 20, 29).

„Was ich sehe, das glaube ich", sagt die weltliche Klugheit. „Was ich glaube, das sehe ich", versichert der Mann des Glaubens. Die Bibel ist reich an solchen Paradoxien. Obwohl ein Paradox falsch zu sein und unserem Verstand zu widersprechen scheint, ist es in Wirklichkeit wahr. Unser Herr, der häufig auf diese packende Weise geistliche Wahrheiten verkündigte, sagte beispielsweise, daß das Weizenkorn keine Frucht bringe, wenn es nicht erstorben sei, und nur auf ein Weiterleben hoffen kann, wenn es zuerst einmal gestorben ist (Joh. 12, 24). Auch in den Schriften des Apostels Paulus finden wir eine Fülle solcher Paradoxien. „... Ich bin mit Christo gekreuzigt. Ich lebe aber ..." (Gal. 2, 19. 20). Ganz ähnlich wird oft über den Glauben in Form einer Paradoxie gesprochen.

Abrahams Glaube erwies sich daran, daß er sich an den hielt, „den er nicht sah, als sähe er ihn". Wie kann man aber das Unsichtbare sehen? Nun, der Glaube hat es mit dem zu tun, „das man nicht sieht", mit Dingen also, die wir zwar nicht naturwissenschaftlich beweisen können, die aber deshalb nicht weniger wahr sind. Es bereitet uns keine Schwierigkeiten, etwas für wahr zu halten, was wir sehen können, aber das ist nicht Sache des christlichen Glaubens, für den das, was sichtbar, nicht von Bedeutung ist. Der Glaube ist „der Nachweis von Dingen, die man nicht sehen kann", und er bringt das, was man nicht sieht, in den Bereich unserer persönlichen

Erfahrungen. Glauben heißt, von etwas überzeugt sein, ohne es zu sehen.

Erstaunlicherweise kann der Glaube singen, während er noch gefangen ist; sein Loblied nimmt, wie im Falle des Paulus und Silas, seine Befreiung vorweg. Der Glaube rühmt Gott, indem er in hoffnungslosen Situationen zu singen anhebt. Er beweist gerade in Ketten seine Stärke, wie uns Paulus, dieser so oft gefangene und doch siegreiche Streiter, schreibt: „Gedenket meiner Bande!“ (Kol. 4, 18).

Unsichtbare, doch darum nicht weniger wirkliche Mächte umgeben uns. Elisas junger Diener sah die feindlichen Armeen ins Land einfallen und schrie voller Bestürzung: „Wehe, Herr, was wollen wir nun machen?“ Da betete der im Glauben erfahrene Elisa: „O Herr, öffne ihm doch die Augen, daß er sieht“, und der Diener sah: „Da war der Berg rings um Elisa her voll feuriger Rosse und Wagen“ (2. Kön. 6, 15. 17; n. Zürcher).

Siehe, für den durch Glauben erleuchteten Blick
sind die Berge von Feuer erhellt;
die Hölle ist nahe, doch Gott ist näher
und umgibt uns mit feurigen Heerscharen.

Wesley

Glaube als Vertrauen

„Alle, die auf ihn trauen, werden keine Schuld haben“ (Ps. 34, 23).

Glauben ohne Vertrauen gibt es nicht. Vertrauen besteht darin, sich vollständig auf die Ehrlichkeit und Freundschaft eines anderen zu verlassen. Wir vertrauen jemandem, wenn wir uns seiner Verläßlichkeit ganz gewiß sind, wenn wir uns unbekümmert seiner Person hingeben. Echter Glaube wird immer zu vollkommenem Vertrauen. Gott vertrauen heißt darum, sich ganz seiner Liebe und Macht überantworten, sich gelassen seinem göttlichen Wesen anheimstellen. So lesen wir im Hebräerbrief: „Lasset uns halten an dem Bekenntnis der Hoffnung und nicht wanken; denn er ist treu, der sie verheißen hat“ (Hebr. 10, 23). Vertrauen besteht nicht im sehnsüchtigen Verlangen, sondern in der unerschütterlichen Gewißheit, die nie enttäuscht werden wird.

Das Vertrauen auf Gott will bewußt von uns gepflegt sein. In dem Maße, in dem es in uns wächst, legen sich all unsere seelischen Spannungen, bis endlich im vollkommenen Vertrauen auf den Herrn unser Seelenfriede auch vollkommen ist. Wenn wir voll vertrauen, schwinden Angst und Sorge, denn Vertrauen und jegliche Unrast lassen sich nicht vereinbaren. So gilt unverrückbar, daß, wenn wir in Wahrheit auf Gott vertrauen, ängstliches Sorgen keinen Platz in uns hat, aber auch, daß ängstliches Sorgen in uns fehlendes Vertrauen verrät.

Unser Herr, der uns das größte Beispiel dafür gegeben

hat, daß Glaube als Vertrauen verstanden werden muß, hat auch nicht die geringste Spur von Angst oder Sorge gezeigt, tadelte sie indessen aufs heftigste an seinen Jüngern. „Sorget nicht für euer Leben", drängte er sie (Matth. 6, 25) und gab ihnen auch zu verstehen, warum sie so furchtlos sein durften: „Euer himmlischer Vater weiß, daß ihr des alles bedürfet" (Matth. 6, 32). Aber längst nicht alle, die sich als Gläubige bekennen, sind erfüllt von solchem Vertrauen, und sie sind darum so von Angst und Sorge angefochten.

Für die kindliche Zuversicht zu dir,
für die hoffnungsvollen Schimmer des zukünftigen Lebens,
für das Vertrauen, das dem eines Kindes gleicht,
für die Herzen, die im Vertrauen auf dich sich gehalten wissen ...
für all das danken wir dir, o Herr.

John Oxenham

Glaube als angenommenes Geschenk

„Wie viele ihn aber aufnahmen, denen gab er Macht, Gottes Kinder zu werden, die an seinen Namen glauben“ (Joh. 1, 12).

Im Johannesevangelium kommt der Begriff ‚glauben‘ ungefähr fünfzigmal vor, und jedesmal kann das Wort ‚aufnehmen‘ sinnvoll dafür eingesetzt werden. Von etwas Besitz ergreifen bedeutet: es aufnehmen, es sich zu eigen machen. Psalm 81, 11 wird des öfteren als ein zentraler Vers in der Bibel bezeichnet: „Tue deinen Mund weit auf, laß mich ihn füllen!“ Wir haben uns dabei ein Nest mit kleinen Vögeln vorzustellen, die ihre Mäuler weit aufgesperrt halten. Erwartungsvoll harren sie auf das, was die Mutter ihnen gibt, und werden nicht enttäuscht. Jedes der Vöglein braucht dann nur noch nach der Fütterung seinen Schnabel zu schließen.

Selbst ein noch so frommer Mensch vermag aus keiner größeren geistlichen Quelle zu schöpfen als aus der, die uns Christus geöffnet hat. Wir stellen solche enormen Glaubensunterschiede zwischen uns und jenem Tiefgläubigen, der uns vor Augen ist, fest, weil er sich *mehr* als wir von dem nimmt, was Gott *allen* Menschen schenkt. Ein derart gottesfürchtiger Mensch ergreift die von Gott geoffenbarten Tatsachen und macht sie zu seiner eigenen Erfahrung. Wie wunderbar erweist sich doch jener Vater in Lukas 15, als er den Besitz unter seine beiden Söhne aufteilt. „Und er teilte ihnen das Gut“ (Luk. 15, 12). Trotz seiner offensichtlichen Schuld bereitet der verlorene Sohn schließlich seinem Vater die Ehre, dessen Wort zu glauben und seinen Anteil anzunehmen, anders als der ältere Bruder, der seinem Vater vorwirft, ihm keinen Ziegenbock gegeben zu haben. Der zutiefst gekränkte Vater antwortet: „Alles, was mein ist, das ist dein.“ Doch hatte der Ältere während der ganzen Zeit, in der er allein auf dem Hofe war, nicht einen einzigen Ziegenbock genommen. Der Unterschied liegt also nicht darin, was den beiden geschenkt worden ist, sondern darin, was sie sich davon aneigneten.

Es scheint zwar leichter zu sein, greifbare Dinge anzunehmen als geistliche Gnadengaben, aber machen wir uns nicht ständig Ungreifbares, wie etwa die Liebe, zu eigen? Mag auch Liebe verschwenderisch ausgeteilt werden, wir können uns ihrer erst richtig freuen, wenn wir sie annehmen und erwidern. Auch Vergebung mag reichlich verschenkt werden, wir sind erst frei, wenn wir sie gläubig angenommen haben. Wir können nicht von dem geistlichen Grundsatz abgehen: „Euch geschehe nach eurem Glauben“ (Matth. 9, 29).

Die Allmacht des Glaubens

„Alle Dinge sind möglich dem, der da glaubt“ (Mark. 9,23).

„Wenn ihr Glauben hättet wie ein Senfkorn, . . . euch würde nichts unmöglich sein“ (Matth. 17, 20; n. Bruns). „Alle Dinge sind möglich dem, der da glaubt“ (Mark. 9, 23). Hätte jemand anderes als der Sohn Gottes diese Behauptungen aufgestellt, so könnten wir sie mit Recht als bloße Phantasievorstellungen abtun. Doch aus dem Munde Jesu Christi gesprochen, gilt es als unverrückbarer Tatbestand, daß der Mann des Glaubens in gewisser Weise allmächtig ist. Damit ist nicht gesagt, daß er seinen Glauben gebrauchen kann, all seinen Launen freien Lauf zu lassen; doch vermag er alles, was dem Willen Gottes gefällt. Nur in dem so abgesteckten Rahmen ist der Glaube tätig. Der Glaube kann also unmöglich den Willen Gottes außer acht lassen.

Der Glaube kann nur mit Gottes Hilfe wirken. „Bei den Menschen ist's unmöglich, aber nicht bei Gott; denn alle Dinge sind möglich bei Gott“ (Mark. 10, 27). Unser Herr sagte nicht „für Gott“, sondern „bei Gott“, was ein großer Unterschied ist. Die Wendung „für Gott“ unterstreicht den Gegensatz zwischen der Ohnmacht des Menschen und der Allmacht Gottes. Es sind also alle Dinge möglich für den Menschen bei Gott, das heißt für den, der durch den Glauben Gemeinschaft mit Gott hat. So behauptet Samuel Chadwick, daß „in der Gemeinschaft mit Gott und im Einvernehmen mit Gottes Willen der Mensch allmächtig ist. In der Gemeinschaft mit

Gott kann der Mensch alles sein, was er sein sollte, und alles tun, was er tun sollte“.

Das hat auch Paulus erfahren, der bezeugen kann: „Ich vermag alles durch den, der mich mächtig macht, Christus“ (Phil. 4, 13). Verlangt Gott nicht etwas Unmögliches von uns allen, wenn er befiehlt: „Darum sollt ihr vollkommen sein“ (Matth. 5, 48)? Sicherlich ist es unmöglich für den Menschen allein, aber in der Gemeinschaft mit Gott sind alle Dinge möglich; denn was er verlangt, das gibt er auch. „Herr, schenke mir, was du befiehlst, dann befehle, was du willst“, betete Augustinus. Uns ist Macht gegeben, alles zu tun, was Gott von uns will, macht doch der Glaube seine Kraft zu unserer Kraft.

Die Ruhe des Glaubens

„Wir, die wir gläubig geworden sind, gehen in die Ruhe ein" (Hebr. 4, 3; n. Zürcher).

Es scheint bestimmt ein wenig widersinnig zu sein, daß der Glaube, der uns einerseits mit größtem Tatendrang erfüllt, andererseits tiefsten Frieden in uns wirkt. „Wir, die wir gläubig geworden sind, gehen in die Ruhe ein." Zur Zeit des Alten Testamentes erlebte das Volk Gottes wegen seines Unglaubens nicht die Erfüllung der Verheißung, in die Ruhe des Herrn eingehen zu dürfen. „Die . . . sind nicht dazu gekommen um des Unglaubens willen" (Hebr. 4, 6).

Wir gelangen zur Ruhe des Glaubens, wenn unsere Seele durch das Wirken des Heiligen Geistes vollkommen in Einklang mit dem Willen Gottes gebracht worden ist, weil es keinen Frieden geben kann, wo unser Wille und der Wille des Herrn im Streit liegen. Nicht daß wir nun zur Untätigkeit angehalten sind, nein, der Wille Gottes soll in uns Gestalt gewinnen. Als Gott am siebten Tage nach der Erschaffung der Welt ruhte, tat er dies nicht, weil er erschöpft und der Arbeit müde war, sondern weil er sich einmal in Ruhe des Geschaffenen erfreuen wollte; denn er hatte aus Chaos den Kosmos erschaffen und wollte nun von allen seinen Werken ruhen (Hebr. 4, 10), von denen er sagen konnte, daß sie sehr gut, also vollkommen waren.

In Kanaan umfing das Volk Israel ein Friede in vorher nie gekanntem Maße; dennoch war er nicht vollkommen, da er nicht dem, was Gott sich vorgestellt hatte, genügte, und sie ihre Feinde nicht zu vertreiben vermochten. „Darum ist noch eine Ruhe vorhanden dem Volke Gottes“, eine Ruhe, in die man nur einzugehen vermag durch Glauben und dadurch, daß man einmal von seinen Werken abläßt (Hebr. 4, 9. 10). So wie der Schöpfer von seinem vollbrachten Werk geruht hat, so wie Christus vom vollendeten Erlösungswerk geruht hat, so soll auch der Gläubige alles daransetzen, „einzukommen zu dieser Ruhe, auf daß nicht jemand falle in dasselbe Beispiel des Unglaubens“ (Hebr. 4, 11).

Glaube besteht nicht in rastloser Geschäftigkeit, er besteht in ergebener Ruhe. Ruhen wir, so tun wir nichts, wir werfen uns gleichsam in einen Sessel, damit dieser uns trage. Ruhen wir in Christus, so werfen wir all unsere Last der Sorge und Verantwortung auf ihn, damit er sie trage. Unser Glaube findet Ruhe in der Erlösung, die Christus uns erkauft hat; er findet Ruhe in dem Sieg, den der Herr errungen hat; er findet Ruhe in Christus, der in uns wohnt, und vertraut ihm, diesen Sieg auch zu behalten.

In der TELOS-Taschenbuchreihe erscheinen folgende Titel